NE PAS S'OUBLIER

Isabelle GUILLOT

Nouvelles

Edition : BoD - Books on Demand
12/14 rond-point des Champs Elysées, 75008 Paris
Imprimé par Books on Demand GmbH, Norderstedt, Allemagne
ISBN : 9782322156122
Dépôt légal : avril 2017

Par le moyen de l'écriture j'espère, avoir exprimé mon mal-être, mes angoisses, ma dépression.

Ma maladie peut tout détruire sur son passage.

Il faut que je me fasse aider.

Je ne peux pas combattre seule.

Parler aux bonnes personnes, j'ai eu de la chance.

Je les ai trouvées ou bien m'ont-elles trouvée ?

Mardi 29 Octobre 2013

C'est mon anniversaire, j'ai 47 ans.
Que veut dire ce chiffre ? Rien.

Ce qui compte c'est ce que l'on a
dans notre corps : la force, la santé,
le courage, le combat.

Dans notre tête : la pensée, la
connaissance, la dignité, la
compréhension, le mérite, la parole,
l'écoute.
Dans notre cœur : savoir aimer,
savoir s'aimer, savoir pardonner.

Dans notre âme : la sagesse.

L'apparence ne veut rien dire !
Mais à l'intérieur de soi… que se
passe-t-il ?

Mars 2013

Lorsque le docteur m'a dit :
« Madame, vous faites de la dépression ».
Je suis tombée de haut !
Moi déprimée !
Alors que j'ai rendez-vous chez le médecin pour des douleurs physiques.

Pendant toutes ces années, moi si forte, si fière justement de ma patience, du bien-faire, de l'écoute, de mon investissement au travail et à la maison.

L'image parfaite ou presque, de l'aide-soignante et de la mère au foyer.

Malgré les douleurs physiques, la fatigue, l'épuisement, il fallait, en rentrant du travail, faire une seconde journée.

Les tâches quotidiennes d'une femme mariée avec trois enfants.

Mais bon, je faisais un travail qui me plaisait. Ce que je donnais de ma personne, je le recevais en retour.

Serait-ce un sourire, un regard, un clignement de l'œil, une poignée de main, une tape sur l'épaule.

Le travail me ressourçait, me donnait la force de faire mon devoir de mère et de femme.

Pour certains la dépression veut

dire folie.
Non, je ne suis pas folle, ni cinglée.

La dépression c'est une maladie.

La dépression est mal connue du public.

Ce n'est pas marqué sur mon front.

Je n'ai ni jambe, ni bras cassés.

Ma dépression

Elle est invisible pour mon entourage et les autres.

Elle ne se voit pas dans une radiographie ou un scanner.

Elle ne se touche pas, pas de grosseurs, pas de ganglions.

Elle ne s'entend pas, mon cœur bat normalement.

On se sent seul au monde.

On pense à disparaître à tout jamais.

On est dans un désarroi total, on pense à la mort.

Déjà pour moi, il fallait comprendre ce qui m'arrivait.

Me rendre compte que j'étais malade, que j'étais en pleine dépression et surtout l'admettre.

Comme un alcoolique qui nie sa maladie de l'addiction à l'alcool.

Supporter ce mal-être qui me détruit, qui me ronge et qui tourmente mon entourage.

Ces anxiétés, ces angoisses qui me saisissent tout le corps.

Ces grosses douleurs m'oppressent le cœur, la poitrine.

Mon pouls bat à cent à l'heure.
Je peine à respirer.

Je pleure.

Je ne comprends pas !

Il y a deux minutes, j'allais bien.

Mon entourage est angoissé de me voir ainsi.

Que faire ?

Appeler les pompiers ?

Tout au début, lorsque ces crises ont commencé, elles se manifestaient la nuit.

Je ne disais rien à personne, ni à mes proches.
Ces nuits-là, je ne dormais pas du tout et j'allais faire ma journée de

travail, fatiguée, épuisée.
Mais je ne voulais rien montrer.

Je m'étais cachée derrière une carapace dure comme la pierre. Je voulais combattre seule.

Je ne savais pas que c'était purement et simplement de la dépression.

Et mes pleurs qui arrivent sans raison apparente.

Une parole de mes proches, peut-être pas méchante pour eux, mais blessante pour moi, je me mettais à pleurer.
Lorsque cela se passait lors du repas, je quittais la table et je mangeais seule.

Même mes goûts ont changé. Je ne sale et ne sucre plus. Je mange peu de viande ou pas. Tout ce qui est gras ou en sauce je ne peux plus en manger. J'adorais les frites, c'est fini. Rien que l'odeur !

Je prépare la cuisine pour mes proches, mais je ne mange guère.

Mon plaisir, comme la pêche, c'est mon fils qui m'a poussée.

La cueillette des champignons, une passion dévorante depuis mon enfance, c'est mon mari qui m'a tirée, amenée.
Je ne voulais rien faire. Je ne me lavais plus. Je ne m'habillais pas.

Pour quoi faire ? Je ne voulais voir personne. Je n'existais plus ! Je

voulais me couper du monde.
Et encore maintenant.

Surtout, tout ce qui touche à mon travail, rien que la route, le panneau marqué au nom de la ville. Je ne peux pas, c'est plus fort que moi.

Le monde, la foule, je ne supporte plus. Je veux passer incognito, transparente, pas de compte à rendre.

Personne ne me connaît et moi je ne connais personne.
Parlons de la télévision, je ne peux plus la regarder. Toutes ces catastrophes, tous ces malheurs, tous ces mensonges. Rien de bon ! Plus de liberté !
A part le soir, je l'allume pour

regarder une futilité pour m'endormir.

Je me lève tous les matins vers 6 h 30 – 7 h 15. Je me couche vers 21 h. Moi qui aimais me coucher tard et me lever tard !

Désormais, je profite du lever du soleil. Dehors, je bois mon café et je fume une cigarette, même s'il fait froid ou sous la pluie.

C'est la paix, le calme complet, seule avec moi-même !
Depuis peu, j'ai repris la photographie. Cela faisait deux ans que je n'avais pas touché à mon appareil photo.

Je ne sais pas si c'est le destin, mais ce matin-là, il y avait le chat de mes voisins sur leur mur.

Avec le lever du jour, cela faisait une prise formidable. Donc, j'ai pris des photos. Le chat gris foncé ressortait de la lumière et ne bougeait pas. Comme s'il attendait…

Hé bien ! Ce jour-là, à midi, mon mari est venu m'annoncer la mort de l'enfant de notre voisin.

Bizarre tout de même ! Hasard ?
Le chat, peut-être l'attendait ?

Pendant cinq matins, le chat était sur le mur ! J'ai été prise d'angoisse. Y-avait-il une explication ?

Mon imagination débordait un peu trop !

Et mon chien, pendant presque une semaine allait à la barrière du voisin. Leur chien l'attendait. Alors que d'ordinaire il ne s'aimait pas. Mon chien restait couché pendant des heures en face de lui sans rien dire. Aucun aboiement, ni de l'un, ni de l'autre !

Y-avait-il une communication entre ces deux chiens ?
Mystère !
La semaine est passée. Tous les jours avec ce même rituel. Et après, plus rien ! La guerre entre eux était revenue.

Rien que d'écrire ces simples mots, j'ai envie de pleurer, mais je ne suis pas seule.
Je ne veux pas montrer mes larmes, je les cache sous les lunettes.

Grâce aux séances de relaxation, à l'aide du psychiatre et à mon traitement, j'arrive tant bien que mal, à maîtriser ces angoisses, ces anxiétés.

Lorsque je conduis, des angoisses m'envahissent parfois.

Je dois m'arrêter au plus vite !
Je peux être un danger pour les autres conducteurs. J'ai toujours une boîte de médicaments dans mon sac qui m'aide à me calmer.

Je fais une séance de mouvements respiratoire, la relaxation.
Je me fume une petite clope.
Je pense à mes enfants, aux bons et joyeux souvenirs.

J'arrive à me contrôler. Mais il a fallu du temps pour me comprendre, pour que mon moi prenne le pouvoir.

La personne dépressive telle est mon cas, j'en suis consciente désormais.
Mais, lorsqu'on vous l'apprend, tout bascule !
Terrain inconnu pour moi !

Dans cet état on se sent de trop ou en trop devant et avec les personnes que l'on aime. On sent que l'on est un fardeau pour soi et les autres.
On ne peut s'exprimer ! On ne peut le dire !

C'est impossible parce que nous-mêmes on ne comprend pas notre état.

Nos réactions sont spontanées. On ne réfléchit pas.

Et souvent, on dit des choses sûrement désagréables très dures à entendre. Ce qui conduit à des altercations verbales voire physiques.

Dans tout cela, comme on se sent incompris, on fait du mal à ses proches. On se fait du mal.

Mais autrui nous fait du mal aussi, car il ne comprend pas ce qui nous arrive.

C'est à ces moments-là que les anxiétés, les angoisses me prennent.

Donc, on pense à l'acte de se supprimer, au suicide.

J'y ai pensé une fraction de seconde, cent trente kilomètres dans le brouillard. A ce moment précis on pense qu'en disparaissant on laissera en paix tout le monde.

Mais ce n'était pas mon heure. Et j'en suis contente.
J'ai tellement de choses à faire sur terre.

Ma famille est là, même si ce n'est pas facile de vivre avec moi, comme moi avec eux.

Il y a la période de me surprotéger, par mes proches.
Là, je n'ai plus de liberté, ils ont peur de cet acte définitif. Je suis pistée à tout moment. Cela devient lourd.

J'ai l'impression que l'on me prend pour une enfant et non comme une adulte.

Emilie qui me soutient du mieux possible et que je remercie du fond du cœur.
Une de mes filles m'a écrit une lettre qui m'a beaucoup touchée.

Des larmes me coulaient le long des joues en lisant ses mots, ses phrases : son ressenti, son mal-être, ses angoisses devant mon comportement et mes agissements. Et ses propos, ses remarques désobligeantes à mon sujet.

Maman,

Maman, tu sais ça me rend mal de te voir comme ça. Ce n'est qu'une passade, je l'espère !

Je crois en toi, tu es forte. Tu vas t'en sortir. Nous sommes là pour toi, Mimi, Alex, papa et moi.

Pense à nous maman. Il y a plein de gens qui t'aiment. Tu es formidable, je me rends compte avec les années qui passent que tu as toujours été là pour moi. Tu as tout fait pour que je réussisse et je te dis un grand merci.

Plus je grandis et me rends compte que j'ai beaucoup de chance d'avoir une maman comme toi.

Il y a des gens qui voudraient être à ma place. Presque tous les jours les copines me disent : « Elle est trop cool ta mère ! ».

C'est vrai, elles ont raison.

Mon docteur m'a conseillée de prendre rendez-vous avec un psychiatre.

Le même jour, j'ai pris rendez-vous.

Il m'a reçu dans la semaine.

Je n'aurais jamais pensé dans ma vie aller voir ou avoir besoin d'un psychiatre.

Le contact s'est fait à la seconde où je l'ai vu.

Il m'a mise à l'aise tout de suite. Il m'a parlé de sa carrière professionnelle, de la région qui lui tient à cœur.

Pour à mon tour, me lâcher, mes paroles partaient dans tous les sens… accompagnées de larmes. Je me suis aperçue que cette personne-là, pourrait m'aider à me sortir de cette prison. *« Le mal-être de mon moi »*.

Chaque rendez-vous, est un besoin vital. Chaque semaine, j'en ai besoin. Même simplement de le voir, de l'écouter. Je lui fais entièrement confiance.

Surtout, je ne pensais pas qu'un jour je prendrais comme traitement des antidépresseurs, des anxiolytiques et de quoi m'aider à retrouver le sommeil.

Il m'a dit :

« vous êtes une cliente modèle ».

Je suis à la lettre les médicaments qu'il me prescrit, car je ne suis pas une personne à lâcher prise devant un tel traitement, personnellement inconnu. Ce n'est pas de la bricole !

Si cela est la seule et unique voie pour retrouver une certaine stabilité, je le prends. Pourtant…

Mais j'ai tellement de choses à dire ! Mon travail, aide-soignante, je me suis battue pour avoir ce poste. J'ai travaillé dur, j'étais patiente, dévouée, courageuse.

On me disait :
« *De toute façon, il n'y aura pas de place pour toi* ».
De la méchanceté pure.

Rentrée en tant que Tuc, contrat de l'époque. Payée une misère. Avec des horaires… Les dimanches et jours fériés pas payés plus !

J'avais 21 ans, je n'avais jamais fait de toilettes, jamais fait manger des personnes dépendantes. C'était l'inconnu total !

A 17 ans, j'avais passé le Bafa. Je m'occupais d'enfants. Je pensais que ma vocation, ma voie concernait plus les enfants.

Rien à voir !

Mais ce n'est pas ce qui m'importait : la paye.

Le plus important était d'apprendre, acquérir de l'expérience professionnelle.

Et surtout faire un travail qui me plaisait, ce qui était le cas.

Depuis quelques temps, des mois, je me suis rendu compte, que non !

Ce n'est plus le travail que j'aimais exercer.

Là, c'est du « *sauvetage en mer* ».

Désolée de le dire ainsi. Moi qui suis si patiente.

Il faut se battre contre le temps, regarder la montre à chaque instant.

Avant, nous avions un moment pour promener les patients qui le demandaient, d'organiser des sorties telle que le Tour de France de vélo quand il est passé dans notre région, de jouer aux cartes, aux dominos, dessiner.

Les patients, je les voyais autrement, pas comme des malades et pour moi, je n'étais plus la soignante.
Une certaine confiance régnait, le patient se confiait, racontait son passé ou des anecdotes. Que de bons et joyeux moments passés.
Ce n'est plus mon rôle, il y a le service animatrices désormais.

Chaque personne à sa place.
Je descendais fumer ma clope, mais mon travail était fait.
C'était mieux que de se cacher dans une chambre et attendre que le temps passe.

Les clients sont où ? L'humanité ? Le respect de chacun ? Et de soi ?

Peut-être trop gentille. On ne l'est jamais assez. Être à l'écoute des autres, d'accord et de soi ?

On oublie. On s'oublie.

Mais pour s'occuper des autres, il faut être bien soi-même ?

Et la persévérance de partir au travail, lorsqu'on a fait une nuit blanche.

De faire ses années sans rien dire, sans rien laisser voir, sans rien laisser paraître de ma fatigue physique et morale.

Un travail que j'affectionnais, que j'adorais.

Je me donnais à fond ! Je ne peux pas dire trop ! Parce que c'était mon devoir.

Non, parce que c'était mon destin

d'aider les autres.
Mon travail ce n'est pas l'usine !

Je m'occupe d'êtres humains. La plupart des personnes n'ont pas demandé à rentrer dans ces lieux.
En y pensant, pour la plupart, c'est tout de même leur dernière demeure !

Je regardais l'heure sans arrêt. Me dire que je n'y arriverai pas.

Mon travail, ce n'est pas du travail !
Le respect !
Comprendre, du moins essayer de comprendre : le mal-être, les douleurs physiques et morales de ces personnes. Ne pas leur faire mal.
Ne pas les blesser physiquement et psychologiquement !

Réfléchir à ce qu'on va leur dire selon leurs pathologies.

Ce petit bonjour du matin. Cette petite caresse affectueuse sur la main, pour prévenir de notre présence.

En dehors de mon travail, je suis la même personne.
Je veux donner le bien à mes proches et aux autres, au détriment de mon bien-être.
Et voilà ! La pile remontée à bloc s'est épuisée.
On m'a tellement pompée.
« *Pompé, pompé* », disait les Chaddoks.
Je suis à plat. J'ai tellement donné d'énergie aux autres ! Sans rien demander en échange. Ce qui

n'était pas mon but.

Mais, faire plaisir, me faisait plaisir !

Donner de mon temps aux autres, sans que l'on me le redonne, me faisait plaisir !

J'étais très loin de penser que je descendrai si bas, un jour.

Désormais, je me bats pour ma renaissance. Je ne serai plus celle d'avant. Il y a eu un avant, maintenant, j'avance dans le présent.

Comme m'a écrit une collègue que je connais depuis peu et que j'estime beaucoup : « Parfois, faut être égoïste ! »

Il faut savoir, qu'aider les autres, je ne peux pas m'en empêcher. Mais je dois préserver, protéger mon moi.

Savoir dire non,

Cela devrait être

Si simple… si normal !

Allez, il le faut :
Pour toi,
Pour moi,
Pour soi !

Savoir dire amen, ce n'est pas

La fin du monde !

Mais le sens à moi de ma vie,

C'est d'aider autrui.

*Ma dépression
avec
mes proches*

Le myosotis est ma fleur préférée, de couleur bleu turquoise, elle peut pousser à l'état sauvage ou être apprivoisée par le jardinier.
Elle est extraordinaire !

Je suis la fleur
du souvenir
du salut de l'âme
dans l'éternité

Dès le printemps on la trouve un peu partout dans notre région, en bordure de rivières.
Lorsque l'on ramasse un bouquet pour égayer sa maison, on le met dans une assiette creuse avec de l'eau et une pierre au milieu.
Et bien, les tiges se relèvent.
Ce petit secret c'est mon mari qui me l'a appris.

A Dédé,

Je suis tombée amoureuse d'un homme avec qui je partage ma vie depuis plus de 26 ans.

Il était à moto ce jour-là, à travers le casque qu'il portait, ses yeux bleu turquoise ressortaient, comme s'ils m'hypnotisaient.

A cet homme je lui dis merci, malgré que depuis quelque temps nos liens se sont dégradés.

J'avais l'impression qu'il faisait tout pour m'éviter. De ma part, peut-être aussi.

Avant, j'étais déjà peu affectueuse, désormais je ne le suis plus du tout. Je ne lui ai jamais fait de bisous. Parfois, je l'ignore complètement. Le dernier câlin date de quelques mois.

Le dernier petit bisou c'est lorsque je lui ai dit de lire mes écrits « *Ne Pas S'oublier* », s'il le désirait.

Je l'avais posé sur la table de la salle à manger.

J'avais fait exprès de m'absenter.

Lorsqu'il m'a rejointe, il était ému, au bord des larmes.

On s'est échangé un petit bisou. Je devinais son émoi. J'en avais la chair de poule.

On n'a pas eu besoin d'échanger des mots. Son regard voulait tout dire. Comme s'il avait reçu une claque.

On a une drôle de vie tous les deux. On s'aime je pense. Mais on ne prend jamais un vrai moment pour parler de nous deux.

Notre vie, toi le boulot, la chasse, les copains, rentrer tard les soirs, pas trop net. J'ai l'impression que c'est pour m'éviter.

Et moi, souvent seule avec moi-même, dans notre maison où je me sens si bien.

C'est très difficile de discuter, j'ai l'impression que je n'ai rien à lui dire ou au contraire plein de choses à dire, mais par où commencer.

Pourtant je l'aime, si lui ne m'aimait plus, pourquoi resterait-il avec moi ? Par pitié, j'espère que non, ce serait trop horrible d'avoir pitié de moi et de rester avec moi !

J'ai enlevé de moi un morceau de ma carapace. Je suis fière de moi, d'avoir fait ce premier pas par l'intermédiaire de l'écriture.

De donner un sens à des faits, certains actes, agissements et à des paroles blessantes et dures, la façon de les dire sèchement de ma part pour provoquer des combats de coq.

Je ne pense pas que mes réactions spontanées soient un hasard.

Je suis en dépression, j'en suis consciente, mais je ne suis pas pour autant idiote.

J'ai le temps de ruminer, de voir autour de moi ce qui se passe et de voir certains proches se détruire.

Je ne peux pas laisser faire, je n'ai pas le droit.

C'est mon devoir de les ramener dans ce qui me semble le bon chemin.

Je ne suis pas parfaite, loin de là.

A ma grande fille

Je me pose des questions au sujet

de ma grande fille que j'adore et que j'aime.

Ce sont des mots que l'on ne se dit jamais.

Pourquoi mon comportement d'agressivité surtout avec ma grande fille, alors que je ne veux que son bien.

Je redoutais même sa venue à la maison.

C'est grave d'en arriver là ! Est-ce normal d'en arriver là ?!

D'avoir peur de sa propre fille, de son et de mon comportement. Car elle me poussait et je la poussais à bout.

Jusqu'au jour où on s'est battues. Me battre avec ma propre fille !

Ce n'est pas possible. C'est si difficile à croire et à supporter.

A l'époque où l'on vit, tout leur est permis à ces jeunes. L'argent tombe du ciel. J'ai l'impression parfois que ce n'est pas moi l'intérêt, mais le fric.

Je voudrais lui faire comprendre que la vie est un combat incessant pour avancer où elle désire vouloir aller.

La vie n'est pas que noir. Le bien, il faut qu'elle aille le chercher, se construire par ses propres moyens physiques, morales et par l'aide de bonnes personnes. Se construire une vie saine et surtout suivre son destin.

D'abord, sais-tu ce que tu veux faire ? Oui, hé bien ! Fonce ma grande fille, persiste.

Tu es intelligente, ce n'est pas donné à tout le monde, tu es belle, mais à l'intérieur que caches-tu ? Moi, ta mère je me pose des questions à ton sujet. Et toi, t'en poses-tu sur toi ?

Pour l'instant tu me mens, et tu te mens à toi-même.

Tu n'es pas une princesse, ni une guerrière. Tu es toi. Toi, un être si sensible, si gentil, si manipulable, si influençable. Tu dois avancer, sans te retourner.

Mon moi ira déjà un peu mieux quand ton toi aura trouvé le sens de ta vie.

Mais je t'aime ma grande. Ta voie est tracée, suis-la, courage.

Que tu le veuilles ou non, nous sommes liées pour la vie, tu viens de ma chair, je suis ta maman.

Mon moi malade qui n'est pas le vrai moi. Pourquoi me cacher derrière de tels comportements. Mais je ne me cache pas, le moi dépressif s'affronte avec le moi sain.

Ce n'est pas facile de m'exprimer. Ce n'est peut-être pas facile de me comprendre !

En dépression, le mal-être des personnes que j'affectionne est multiplié par cent, par mille par mon ressenti. Je souffre moralement énormément. J'ai mal. Je me sens impuissante.
Serait-ce d'écouter les infos, d'entendre parler d'un drame, qui ne me concerne pas du tout. J'en souffre comme si j'étais à la place de ces personnes.
J'ai l'impression que certains sens comme les présages, se sont développés en moi.

Mes proches sont difficiles avec moi. On me dit des paroles blessantes :

« *Tu es comme ta mère !* ».

Cette phrase m'a fait beaucoup de mal. Chaque individu est différent devant ou avec la même maladie, la dépression. Justement ma mère, défunte, a laissé un cahier, ses mémoires. Elle a écrit quelques épisodes de sa vie.

Dans ce livre, elle dévoile énormément de choses. Une enfance malheureuse. Elle a perdu son papa très jeune. Elle a été envoyée dans une maison de correction et dans une maison maternelle pour accoucher de mon frère. Fille-mère dans les années 1960, ce n'est pas les années 2000. Elle fait comprendre l'amour qu'elle a pour ses enfants et ses petits-enfants.

Je pense que si ma mère est morte si jeune c'est peut-être son destin, mais elle n'a pas trouvé les bonnes personnes pour l'aider à sortir de ce gouffre infernal. Elle a été incomprise et je le regrette profondément.

Je pense que j'ai trouvé le moyen, ma voie pour m'en sortir. Mais ce sera long !

Il y a des bas, toujours ces angoisses, ces anxiétés, ces pleurs. Mais il y a du mieux.

La communication avec mes proches s'améliore, tant bien que mal.

Je ne dis peut-être pas certaines paroles au bon moment, alors ça part en vrille.

Souvent, je ne dis rien et j'écoute, à part, si on me parle et que je dois répondre.

Moi qui suis là pour le bien de mes enfants. Pour les protéger, pour les voir grandir, pour les voir s'épanouir, pour les aider, le mieux possible.

Je me suis écroulée, je n'ai peut-être pas été une bonne mère, pas à la hauteur de leurs attentes.

Je suis malheureuse, très triste d'en être arrivée là !

Et mon grand garçon, je l'épiais, fouillais sa chambre.

Est-ce correcte ?

Lui dire chaque fois :

« Roules doucement, ne bois pas, attention aux dangers qui se présentent à toi ».

Toi qui es si généreux, si courageux, si affectueux et surtout si naïf.

Je t'aime mon fils. J'espère que tu

vas trouver ton destin, et surtout le bonheur.

Et ma Mimi, ma dernière qui a mûri un peu trop vite à cause je pense de son accident.
Elle est très mûre pour son âge.
J'ai l'impression de l'avoir un peu oubliée dans tout ça, dans ma dépression.
J'ai apprécié les derniers moments passés ensemble.
Elle si calme, posée. Elle peut être aussi anxieuse mais aussi terrible dans ses paroles, surtout la façon de le dire avec colère.
Il faut qu'elle s'exprime :
« J'existe, je suis là, avec mes peines et mes joies ».
Mais tu rends les garçons fous de toi, et triste à la fois. Je sais tu es jeune, tu as le temps de rencontrer

l'homme de ta vie, mais les êtres humains ne sont pas des jouets…
Je t'aime Mimi.Tiens bon, je suis à tes côtés, j'espère que tu le sais.
Je te le redis, je t'aime. Maman.

Mes enfants sont peut-être durs avec moi, mais ils le sont avec eux-mêmes, j'en suis persuadée.
Oui j'étais chiante, je suis chiante et je serai toujours chiante pour vous booster, vous soutenir, vous conseiller, vous protéger.
 Mais je ne peux pas choisir ou faire à votre place.
Maman qui vous aime et qui vous aimera toujours très fort tous les trois.

Mamillou et Papillou je vous remercie de tout cœur de l'aide morale et le soutien que vous m'apportez.

Toi, papa qui a perdu un enfant et toi, ma maman d'adoption qui a connu la dépression. Moi aussi je vous aime.

Je ne t'oublie pas Emilie. J'aurais voulu te connaître plus tôt.

Tu as eu une période de ta vie si difficile. Tu étais seule, tu venais de perdre à tout jamais la personne la plus chère pour toi, ton mari.

Tu as su combattre, tant bien que mal la réalité.

J'aurais voulu être là, à tes côtés, pour t'aiguiller, pour te consoler, pour te redonner goût à la vie.

Tu es une personne forte moralement et physiquement.

Tu m'apportes tant de choses inexplicables, tes pensées, tes croyances et tes Dieux, ton savoir, ton pays de naissance, ton dialecte

« *le tamoul* », ton île que je croyais si grande et qui ne mesure pas cent kilomètres de long.

Ta famille, j'ai l'impression depuis toujours de la connaître par tes mots.

Mais surtout ne parlons pas d'un sujet qui me fâche avec mon moi, du boulot.

Mon médecin, qui m'a confié à son confrère psychiatre, mon traitement et ma force sont les chemins de ma liberté.

Ces personnes m'amèneront grâce à la confiance de chacun de nous, et ma volonté nous permettront de retrouver mon mieux vivre, mon sens du pourquoi je suis là.

Ce que je peux apporter de bien à autrui et à moi.

Retrouver mon havre de paix, ma complète sérénité envers moi-même et les autres…

Il faut savoir accepter
Et s'accepter tels que
Nous sommes.

*Mes conflits
avec
moi-même*

Mon premier lecteur est mon mari. Il m'a dit en lisant cette deuxième nouvelle.

« *J'ai pris une seconde claque* ».

Mon fils m'a téléphoné pour me dire que mes nouvelles l'avaient touché, qu'il me comprenait mieux. Ce que je pouvais endurer, mes souffrances et comprendre le pourquoi de mes agissements.

Rien que d'écouter ces simples mots, ces simples phrases de la part de mon mari et de mon garçon cela me fait du bien.

Je suis dans la bonne direction.
Écrire, écrire…
et encore écrire…
Je me pose beaucoup,
toujours plein de questions.

Les douleurs physiques sont-elles liées aux douleurs morales ou inversement ?

Se complètent-elles ?

Les souffrances physiques sont-elles un signe aux souffrances morales ?

Mes douleurs morales finissent par dépasser mes douleurs physiques.

On pense à tellement de choses à la fois, on cogite, on se déchire, cela m'inquiète, me tourmente, m'angoisse.

Je ne peux rien faire, comme si j'étais possédée par un démon.

Toutes mes pensées sont négatives.

Je pleure, je pleure.

Je me sens oppressée, je peine à prendre ma respiration.

Il faut que je me calme, mais c'est très difficile.

La télévision, la musique, non rien ne m'apaise.

Je m'allonge sur le canapé et j'écoute l'eau couler de l'aquarium.

Je regarde les poissons, leur comportement, comment ils nagent, leurs poursuites incessantes pendant des secondes, des minutes, des heures.

C'est le seul bruit que je peux supporter, l'eau qui coule, comme le bruit d'un ruisseau qui atténue petit à petit mes angoisses, mes anxiétés. Ma respiration redevient normale, c'est passé !

J'ai deux chiens à la maison, l'un d'eux, j'ai l'impression qu'il ressent mon mal.

Il vient se blottir à côté de moi et me regarde l'air triste. Mon chien n'a pas la parole, mais dans son regard se reflète ma tristesse, mon anxiété, comme s'il voulait me les prendre, m'en débarrasser. Et me donner en échange le bien-être, la sérénité.

Je raconte peut-être des sottises. Mais c'est une sensation bizarre, ces liens avec mon chien.

Il y a quelque temps, mon conjoint m'apprend que nous avons de l'amiante dans notre maison. Amiante, danger pour ma famille, non ce n'était pas possible de rester là, de vivre avec de l'amiante.

Avec tout ce que nous disent les médias, toutes les personnes que je ne connaissais pas qui sont décédées ou très malades à cause de l'amiante.

J'avais regardé autour de moi, toutes les maisons en avaient, et surtout la niche du chien de mes voisins était faite en tôle d'amiante.

Mais cela était trop affreux, je ne pouvais pas le supporter, j'étais prise de tourments terribles, j'en tremblais, je souffrais trop, je ne pouvais plus parler.

Mais comment l'expliquer à mes proches, à mes voisins. On me prendrait pour une folle.

A chaque endroit où j'allais mes yeux se tournaient sur quoi ? L'amiante.

J'étais complètement obnubilée par ce souci, par ce problème. Un jour mon papa, m'a dit :

« Stop ! Ce n'est pas avec cela que ta famille va être malade. Faut être en contact permanent avec l'amiante pour avoir des problèmes de santé. Comme c'est arrivé dans certaines usines où le personnel était en contact quotidiennement avec la poussière

d'amiante, il l'a respirée et l'a touchée sans protection ».
Bon stop, j'ai fait confiance à ce que disait mon papa.

J'avais harcelé mes proches pendant plus d'un mois avec un sujet qui était devenu pour mon moi un drame. J'étais une criminelle parce que je n'avais pas su protéger ma famille.

Un autre sujet me trottait dans la tête. Je passais tous les jours devant un énorme pont dont les piliers sont en fer. J'avais remarqué que peut-être le pont allait être réparé. Les piliers en fer ont été bâchés, j'ai demandé à mon mari pourquoi ? :
« *Le pont va être repeint, la peinture que l'on va extraire est faite avec du plomb.*

C'était pour cela que les bâches avaient été posées ».

La chose à ne pas penser. Mais pourquoi des trucs si stupides pour vous, mais qui pour moi me rongeaient tant et me mettaient si mal à l'aise. Je me posais de multiples questions.

Le personnel était-il bien protégé ? Était-il conscient du danger de manipuler ce produit ? Et l'environnement, les déchets allaient où ? Et la rivière, les poissons, la nature en dessous ?

Sûr ? Pas de danger ?

A moi, cela me fait mal, me torture, je pensais aux travailleurs et aux milieux naturels. J'aurais aimé m'arrêter et dire à ces travailleurs :

« Êtes-vous bien protégés, masques, combinaisons et gants ? ».

Mais je me suis dit, ils vont me prendre pour une fantaisiste !

J'avais même pris rendez-vous avec le maire d'une ville avoisinante, il m'avait confirmé que tout était fait dans les normes.

Mais bon, je reste perplexe à ses explications, je doute de ses paroles...

Comme je vous le disais des petits trucs, des petits riens pour la plupart des gens il n'y a aucun problème, et puis je ne pense pas qu'ils vont se poser tant de questions.

Que dans mon état de dépression tout peut être douleurs et souffrances. Elles sont multipliées par mille.

Je les vis, je les ressens. Je suis très,

très mal. Je ne les supporte plus. Ma tête va exploser. Mon cœur va lâcher.

Mais pourquoi, pourquoi ?

Je cogitais encore, encore, cela me concernait, préserver la nature, l'environnement.

Dans ma région d'adoption, depuis quelques années, les arbres, les haies, le long de nos chemins et de nos routes, disparaissent.

On se croirait dans les plaines de la Limagne. Des champs à perte de vue sans un arbre, sans une haie, sans ronces, sans orties, sans fleurs : marguerites, coquelicots, violettes, boutons d'or…

Toutes ces couleurs qui se mélangeaient dans la nature, du vert, du jaune, du rouge, du blanc…

C'est fini ! Ou presque !

Qu'attendons-nous pour réagir ?

Je me suis permis d'écrire une lettre à notre maire pour proposer, lors d'un prochain conseil municipal, de replanter des haies et des arbres aux bordures de nos chemins communaux.

Je donnerais de mon temps, si le projet pouvait aboutir. Ce serait avec plaisir.

J'ai de la colère envers moi-même. J'ai de la colère envers autrui. Je me sens incomprise, seule contre tous, seule avec moi.

Cette colère si profonde que j'ai sûrement emmagasinée depuis des années. Il faut qu'elle sorte de moi.

J'ai passé deux jours, quatorze heures à nettoyer la cave. Depuis que nous avions eu une inondation, elle était restée en total désordre. Je n'y supportais plus.

Enlever les vieilles pommes de terre, mais j'en ai laissé trois parce qu'il y avait un crapaud qui me regardait, installé sur ces dernières. La cave, cela doit être son lieu de vie. Je ne voulais pas le déranger. Les bocaux à vider et à nettoyer, donc remonter, descendre…

Les bouteilles, je les ai rangées une après une, il y en avait toujours par terre.

J'ai même fait une découverte, j'ai trouvé deux bouteilles datant de 1987, la date où l'on s'est connu avec mon mari. C'était mon papa qui lui avait offertes.

Mon conjoint ne se rappelait pas qu'il pouvait rester des bouteilles de cette année-là.

Savoir, si le vin est toujours bon !

J'ai mis quarante litres d'eau de vie de prune et de poire en bouteilles. Les vapeurs, les odeurs de l'alcool me montaient au nez.

Descendre, remonter de la cave, dix fois, vingt fois, j'avais des sueurs tout le long du corps.

J'étais dans un état extrême de mes forces physiques, pour une fois je me sentais mieux.

Mon moi allait mieux, reposé, serein. Peut-être que j'étais épuisée, fatiguée mais une partie de ma colère contre autrui et moi avait disparu.

A ce moment-là, j'ai commencé à comprendre qu'en allant au bout de mes forces physiques je pouvais calmer, apaiser mon moi intérieur, mes douleurs mentales, mes colères, mes souffrances, qui débordaient, qui prenaient ma vie.

Tous les jours il fallait que je trouve des occupations, des exercices physiques pour m'éviter de penser, pour m'occuper l'esprit.

La cuisine, vider les meubles, bouger le frigo, nettoyer le plafond. Le ramassage des petits et gros cailloux sur notre route qui avait été refaite. Mais avec la chaleur les gravillons se décollaient. J'ai passé des heures à balayer et ramasser les graviers avec une pelle, remplir la poubelle et les remettre dans ma cour.

Quand j'y pense, c'est trop fou ! Mais après m'être bien dépensée, je retrouvais la paix en moi.

Et les cueillettes des haricots, des

prunes, des pommes, des champignons.

Je les comptais un par un, comme cela je ne pensais à rien d'autre mais aux chiffres.

Dernièrement, j'ai fait pareil pour les noix. Trois cent cinquante noix tenaient dans mon panier et en plus je me faisais plaisir de les ramasser dans les orties pour avoir mal.

J'ai posé la question à mon psychiatre pourquoi je prenais tant de plaisir à me mutiler ?

Il m'a répondu tout simplement que c'est un moyen de me prouver que j'existe.

On m'a dit :

« Ça ne tourne pas rond chez toi, de compter tout ce que tu ramasses ».

Je le sais et j'en suis consciente que

cela ne tourne pas rond. Mais, je me bats pour trouver des solutions pour ne pas pleurer tout le temps et me sentir mieux.

De compter ! Penser à soi !

Je ne dérange personne, moi, cela me fait du bien…

Et les pommes que je trouvais par terre, dans l'herbe, chez moi. Je ne les supportais pas. Je les ramassais tous les jours et les jetais de l'autre côté de la route.

Allez de l'exercice encore, encore plus loin de toutes mes forces. Je me sentais bien après.

Je sens et je sais que j'épuise pas mal de monde avec mes histoires. Mais ce ne sont pas des histoires, c'est la réalité.

Quand l'humanité réagira ce sera peut-être trop tard.

On vit cloîtré chacun chez soi. On

ne s'occupe pas de ce qui se passe à côté de chez soi.

Pourtant, il y a beaucoup de souffrances dans chacun de nous.

Mais on vit en égoïste :

« On ne regarde pas plus loin que le bout de son nez » !

Mais moi, je ressens, je vois que j'avance à petit pas.

Mes mots, mes phrases sont plus réfléchies, plus posées.

Je suis plus calme, mieux en moi.

Moins d'anxiété grâce, et je les en remercierai jamais assez, à mon médecin, à mon entière confiance à mon psychiatre, à mon traitement et à mes proches.

Ces derniers aussi commencent d'avancer avec moi et commencent peut-être à comprendre ce qu'est ma maladie, ma dépression.
J'avance vers ma liberté.
Le contrôle de mon moi, avec moins de souffrance, moins de désarroi et moins de tout…
Un peu de plaisir…

Simplement d'écrire ce que je vis me donne des plaisirs.
De dire à autrui que mon moi n'est pas tout rose.

L'apparence de mon corps ne veut rien dire.

Comme je le disais dans ma première nouvelle, la dépression est une maladie qui arrive à petit feu.

Tout le monde peut être confronté
de près ou de loin.

Mais je suis sûre et certaine que
Le sens de ma vie,

Ce n'est pas de rester fermée
Dans mon moi.

Mais de donner
Du temps aux autres.

Apprendre à écouter
Et réapprendre à s'écouter.

Aider Autrui.

Sans s'oublier.

Accepter de se faire aider.

Mon long chemin

Je pensais

quand j'étais petite

Que mes proches étaient immortels.

Qu'ils seraient toujours là pour les

miens et pour moi.

La mort n'est pas un tremplin.

Mes pensées existent.

Je ne peux pas oublier ces êtres.

Ils font partie de ma vie.

Ma dépression est ma maladie.

Elle n'est pas apparue du jour au lendemain.

Ce n'est pas la peste, ni une angine, ni un rhume.

Ma maladie devait se développer petit à petit dans mon esprit, dans mes entrailles, au plus profond de moi-même.

Enfin, mon mal-être a un nom.

Dépression.

Ma vie est faite d'instants de plaisirs, de bonheur, de gaieté, mais il y a aussi des moments de tristesse, de désarroi, de stress, de détresse, de peine, de douleur, de souffrance physique et morale, sans oublier la haine, la colère envers autrui et soi-même.

Il m'arrive de penser à la mort, passage inconnu de tous les êtres vivants.

On né, on meurt. Je pensais quand j'étais petite que mes proches étaient immortels, qu'ils seraient toujours là pour les miens et pour moi.

La mort n'est pas un tremplin, mes pensées existent. Je ne peux pas oublier ces êtres, ils font partie de ma vie.

Mais au cours de mon existence j'ai été confrontée à la disparition de certains proches.

Mes deux grands-mères qui m'avaient tant appris.

Le respect, dire bonjour, ne pas dire de gros mots. Jusqu'au jour où j'avais dit :

« *Merde* » ! à ma mamie Marie. Lorsque je suis rentrée, elle m'attendait à la porte, j'avais reçu l'unique gifle de sa part.

Je n'avais jamais recommencé.

Je me relate tous ces bons souvenirs, les rires je les entends encore. Et ces parties de belote, en soirée, inoubliables sans télévision, téléphone ou ordinateur.

Les bonnes odeurs des petits plats qui mijotaient doucement. Je les sens. Les confitures de prunes, de mûres, de groseilles, les conserves de haricots, de champignons et de tomates. Il y en avait pour tous les goûts et de toutes les couleurs.

A ma belle-mère qui, malgré ses problèmes de surdité, m'a apporté beaucoup ainsi qu'à ses petits-enfants.

Les enfants arrivaient à communiquer avec leur mémé sans souci, il n'y avait pas de barrière dans le langage.

Ma belle-mère est décédée devant mes filles et a donné son dernier souffle, son dernier soupir à l'arrivée de son fils.

Avec l'aide de mon médecin, que je ne remercierai jamais assez, il m'avait aidé à la préparer, la vêtir d'une belle robe que sa fille avait choisi.

Mais pour mes filles qui étaient si proches de leur mémé et en plus présentes ce jour-là, cela a été très dur pour elles de comprendre ce qu'il venait de se passer devant leurs yeux.

Plusieurs mois, mes filles ont du se rendre chez une psychologue.

Pour nous adulte c'est déjà difficile, mais pour des enfants !

Je vous parle de la mort de mes proches quel est le rapport avec ma dépression ?

D'abord, je ne comprenais pas ce que mon docteur me disait :

« Madame, vous êtes en pleine dépression ».

J'avais mal entendu, non ce ne pouvait pas être cela, j'étais venue pour des douleurs dorsales.

Moi si forte, je n'acceptais pas ce que mon médecin venait de me diagnostiquer.

Ce n'était pas possible. C'est ce que je nommerai mon déni.

Je n'admettais pas que je puisse être en dépression.

Alors là, tout allait mal, panique à bord, le trou noir complet.

Mon médecin traitant m'avait donné l'adresse d'un psychiatre, pour m'aider.

J'ai cherché dans le dictionnaire ce que voulait dire psychiatre :

« *Un psychiatre est un médecin spécialisé en psychiatrie qui diagnostique, traite et tente de prévenir les maladies mentales, les troubles psychiques et les désordres émotionnels* ».

Alors, je commençais à comprendre que si j'avais besoin d'un spécialiste tel qu'un psychiatre, c'était que j'étais bel et bien malade. C'est ce que j'ai appelé l'acceptation.

Mais il y a la colère, la haine contre autrui et soi-même. Je me sentais seule, abandonnée dans une spirale infinie. Et pourquoi moi ?

Le déni, la colère, la haine, l'acceptation, trouver une porte d'entrée et combattre. C'est mon long chemin pour ma victoire.

Trouver les moyens de me sortir de mon propre piège.
Mon médecin, mon psychiatre, mon traitement et depuis quelque

temps mes proches qui commencent à comprendre ma maladie et grâce à l'écriture de « *Mes Nouvelles* » qui me permet de l'exprimer, de sortir ce que j'ai au fond de moi, par quels chemins je suis passée et que je passe, la route est longue.

Mais je pense qu'avec tous mes moyens je peux y arriver.

Tout ce processus me fait penser aux différents procédés, aux différentes étapes de la vie pour arriver à faire le deuil d'une personne qui nous est chère.

Le décès de mon frère Bruno, il avait deux ans de moins que moi.

Il était atteint d'une maladie que l'on appelle la schizophrénie.

Il avait quitté la France pour un pays lointain où il s'était marié avec une gentille femme, prénommée On, qu'il avait amenée en France trois ou quatre fois pour nous la présenter.

Un jour mon papa m'appelle et me dit :

« *Ton frère Bruno est mort* ».

Terrible !

J'ai cru que mon cœur allait lâcher.

Ce n'était pas possible.

Mon frère que je ne reverrais plus, je ne veux pas y croire.

Je m'imagine plein de choses.

Non, je ne peux pas, je ne veux pas accepter cette mort.

Qui me dit qu'il est bien décédé, il est à l'autre bout du monde !

Le jour de sa mort il avait envoyé à mon papa, à mon frère et à moi, un message par internet.

Mon papa lui avait répondu, moi, je ne l'avais pas encore lu.

Lorsque je l'ai lu mon frère m'avait quittée à tout jamais, du moins son corps.

Son esprit, sa mémoire sont toujours présents.

« Hi…
Alors quoi de neuf ?
Ici, ça chauffe la politique.
Le parti adverse essaye de virer le premier ministre. Ils ont bloqué tous le gros centre commercial et financier de Bangkok.
Ils ont tout barricadé sur un rayon de 3 à 4 km. L'armée les encercle et vont essayer de les déloger. 10 jours passés il y a déjà 21 morts et 200 blessés. Moi, j'habite à une 20 de km. C'est calme.
Toujours pas de travail mais bon espoir de trouver un petit passe-temps bientôt.
Bisous
Bruno ».

C'est dur de lire et de relire son dernier message.

Tous les envois électroniques de mon frère je n'ai jamais pu les effacer, les supprimer parce que pour moi Bruno, tu es toujours là dans mon esprit, dans mes pensées, dans mes souvenirs joyeux ou pas, notre enfance, notre adolescence avec notre grand frère Jean-François.

« *Désolée Papillou, Mamillou et Jean-François si je vous fais du mal en écrivant ces quelques mots. Mais j'ai besoin d'écrire pour avancer* ».

Le message de mon papa, mon frère n'aura jamais pu le lire puisqu'il était décédé.
Que de souffrances pour Papillou

et Mamillou.

Mais comment faire le deuil je ne peux y croire, je suis loin de toi mon frère, si loin.

Par chance, j'avais eu une description de ses obsèques par un message que l'un de ses amis, avait envoyé par internet à mon papa :

« Bien chers vous,
Nous rentrons à l'instant des obsèques de Bruno.
Une cérémonie Bouddhiste a été organisée au Temple « Wat Bang Na Nok », sur les rives de la rivière Chao Praya.
L'endroit était tout simplement parfait.
La famille d'On était là, avec un petit cercle d'amis proches et d'anciens collègues de travail, dont le Chef du Cordon Bleu.
L'atmosphère était chaleureuse. Les

Moines vêtus de la robe safran ont chanté quelques prières en Pali Sanskrit.

Chacun à leur tour, la famille et les amis se sont recueillis devant le cercueil blanc et or.

Selon la tradition, chacun a déposé une fleur de papier sur le cercueil qui a ensuite été emporté.

On ira chercher les cendres de Bruno demain matin au Temple.

Je vous écrirai plus tard pour aborder les autres points…

On est fatiguée, ce soir elle est partie dormir chez une amie.

Meilleures pensées ».

On, son épouse est venue au mois de juin de cette année nous apporter les cendres de Bruno.

Le jour où Papillou m'a appris cette arrivée, pas imprévue parce qu'elle avait promis de rapporter une partie de ses cendres en France, je ne pensais qu'à mon frère, je ne songeais qu'à son retour. Je me suis dit :

« C'est la réalité, il est décédé ».

Les cendres étaient dans une jolie fiole colorée que j'ai tenue dans mes mains. Et de me dire Bruno tu es là, cela m'était insupportable.

Enfin j'allais pouvoir faire mon deuil et lui, reposer en paix dans un village cantalien qui lui tenait tant à cœur.

Pour notre papa, Papillou et Mamillou cela a du être très dur, à la limite du supportable.

Ce que l'on attendait depuis quelques années, est arrivé.

Il a fallu subir un second choc.

Je remercie profondément Papillou et Mamillou qui ont tout organisé.

Et cette lettre poignante que Mamillou a écrite et lue devant les proches réunis pour la mise de cette petite fiole remplie de cendres de Bruno dans le columbarium.

J'avais amené un porte-encens que Jean-François a allumé, en forme de soleil.

Désormais, mon frère a rejoint sa maman, ma maman.

Je vous aime.

D'écrire ces mots, ces phrases, ressasser ces moments douloureux, c'est tellement fort d'émotions, qu'en même temps cela me fait du bien, comme si j'avais un poids à penser en moins.

Je pleure.

Mais Bruno, maintenant tu es en paix avec toi-même.

Et cela me réconforte car j'ai pu, depuis peu, mettre différents objets dans ma maison que tu m'avais ramenés de ton pays d'adoption.

Je suis fière de toi mon frère.
Tu as affronté ta propre maladie sans que je puisse t'aider sans que je lève le petit doigt. Je suis impardonnable. Je ne parlerai pas plus de ta maladie, la schizophrénie.
Tu as du trop souffrir.
A l'époque, je ne pensais pas à ton mal-être. Je te prenais pour un fou ou presque, tes paroles, tes agissements, tes angoisses.
J'avais peur de toi, moi ta propre sœur.
Je ne connaissais pas ou peu cette maladie, ou, peut-être, que je ne

voulais pas la connaître.

Je pense et j'espère qu'en te réfugiant dans un autre pays que la France, tu as pu et su trouver le bonheur, le sens de ta vie.

Merci On.

Lorsque l'on m'a dit :

« Ce n'est pas grave d'avoir perdu ton frère. Tu ne le voyais pas ou peu ».

D'entendre ces mots, une colère et une haine grandissantes m'avaient envahies.

Je pense que la personne en face de moi avait du voir mon regard, qui voulait tout dire.

Comment des personnes peuvent penser cela. Elles n'ont rien compris à la vie…

Ne pas voir,

Ne veut pas dire ne pas aimer.

Alors la personne non voyante ne peut

pas aimer !

Dans quel monde stupide et égoïste

dans lequel je vis…

*C'est
ma voie...*

L'atmosphère est sereine,

Paisible et lumineuse.

La lumière du jour pénètre

Par une grande fenêtre…

Une sculpture avec deux têtes, l'une ancrée dans l'autre, mais opposées l'une à l'autre, avec un seul corps,
Une énorme malle.
Une grande valise.

Ces trois objets pourraient sembler insignifiants ou anodins, m'ont aidée et m'aident, m'ont fait avancer et me font avancer dans ma thérapie.

Une fois par semaine je me rends chez mon psychiatre, depuis le mois de mars.
C'est un plaisir comme je l'ai dit auparavant ?
Un besoin vital. Il m'a ouvert sa porte je lui ai ouvert la mienne, c'est mon confident.

Une confiance réciproque est née dès la première visite. Je peux tout lui dire sans crainte, mes ressentis, mes angoisses, mes peurs, mon mal vivre. Lui parler de ma vie en général.

Dans la salle d'attente je m'y sens bien, je pourrais rester des heures. J'arrive tellement à me détendre et à me concentrer que j'ai l'impression que mon esprit s'évade et que mon corps reste planté là.

L'atmosphère est sereine, paisible et lumineuse.

La lumière du jour pénètre par une grande fenêtre placée presque en face de la porte. Par cette fenêtre j'aperçois les branches d'un cerisier. Cet arbre, je l'ai vu évoluer au fil des saisons.

L'apparition des feuilles et des fleurs que les abeilles venaient butiner.

La formation de petites cerises vertes pour devenir de belles cerises rouges virant au noir.

J'en aurais bien dégusté une. Maintenant les feuilles ont changé de couleur, du vert, elles sont passées au rouge et elles tombent en tourbillonnant.

Devant la fenêtre une grande valise qui me paraît très ancienne est posée à terre.

Des fauteuils en osier sombre avec certains des coussins blancs, sont disposés autour d'une grosse malle qui sert de table pour les magazines.

A gauche de la fenêtre une sculpture énorme aussi haute que moi quand je suis assise.

Je l'ai regardée maintes fois cette statue, elle représente deux têtes l'une sur l'autre ou presque, mises à l'opposé avec un seul corps.

Cet objet me faisait penser à une image que j'avais déjà vue.

J'ai réfléchi, chaque fois en le voyant, je prenais un temps de réflexion.

Cet objet d'art, sa forme me font penser à un énorme rocher dans ma région d'adoption. Dans les gorges de la Sioule, un gigantesque rocher fait de pierres naturelles, existant sûrement depuis des millions d'années qui, pour moi et mon mari, représentait deux têtes opposées surplombant la rivière.

J'ai demandé à mon psychiatre. Je ne m'étais pas trompée, ce rocher des gorges de la Sioule est bel et bien une reproduction à taille humaine que mon psychiatre avait dans la salle d'attente.

Hélas, depuis quelque temps, cet objet d'art que j'aimais tant contempler, mon psychiatre l'a mis dans son bureau.

Mais à la place un énorme bonsaï magnifique, trop joli, un genre de pin peut-être. C'est un art de pouvoir s'occuper correctement d'un tel arbre, être patient sûrement, l'arrosage et la taille.

J'aimerais bien en avoir un, mais d'abord me renseigner avant tout, pour pouvoir m'en occuper correctement.

Au mur des photographies et à gauche en rentrant sur un panneau écrit en rouge :

« Savoir dire non c'est être libre ».

Pour ma part cela veut dire beaucoup car je ne savais pas dire non et voilà où je me retrouve, dans la salle d'attente de mon psychiatre. Ces objets ne sont pas là par hasard. Cette sculpture pour moi me fait ressentir beaucoup de choses, des pensées et peut-être beaucoup d'imagination !

C'est mon visage que je vois reproduit deux fois, mais avec des traits, des lignes, une bouche et un regard différents.

C'est le moi sain et le moi malade dépressif.

La grosse malle représente tout ce que mon moi renferme, tout ce que j'ai dans ma tête, dans mon esprit, mes angoisses, mes anxiétés, mes troubles du comportement, ma haine, mes colères, mes douleurs morales.

Il faut que je trie un par un mes problèmes qui m'ont amenée à ma dépression, grâce à l'aide de mon médecin, de mon psychiatre, de mon traitement et de mes proches. Que trouverai-je dans ma grosse malle où se mêlent mes mémoires, mes pensées, le pourquoi de mes angoisses, de mes anxiétés, de mes peurs ?

Mes problèmes qui seront résolus, je pourrai les mettre dans ma valise. La valise représente le classeur, le tiroir, des affaires classées ou résolues.

C'est mon combat, c'est ma voie et par ce moyen je pourrai arriver à retrouver une certaine sérénité et stabilité.

Je vous remercie tous de votre aide et surtout faites-moi confiance.

Je le veux, j'y arriverai.

De toute façon, le sens de ma vie c'est ce que j'ai toujours fait, m'occuper des autres tout en sachant qu'il faut que je me préserve aussi.

Je vous adore et je vous aime.

A mes proches disparus, mais qui sont dans mon cœur et à mes proches présents, je ne veux plus vous décevoir.

Il faut que je me reconstruise avec moi-même et avec vous si vous le voulez bien.

Je ne grandirai pas seule

Dans la sagesse

et dans le Meilleur de

Moi-même,

Vous aussi vous grandirez

Dans la sagesse et

Dans le Meilleur

de Vous-même.

Aujourd'hui, 2 décembre 2013…

J'avais commencé d'écrire « *Mes Nouvelles* » le jour de mon anniversaire, le 29 octobre 2013 suite à un message reçu dans ma boîte mail.

Ce message me souhaitait un «*joyeux anniversaire bisous* » et moi, j'ai répondu à cette personne, une amie de ma fille que j'apprécie beaucoup :

« *Merci, courage, donnons-nous le courage de combattre la peine et de croquer et profiter des bons moments de la vie. Il faut savoir pardonner ! * ».

Cette personne ne pardonnait pas à son proche d'avoir disparu subitement.

Et ce jour-là, après avoir écrit mon message de remerciement, il y eut ce déclic.

Pourquoi je ne m'expliquerai pas, par l'intermédiaire de l'écriture, ce que je ne pouvais exprimer sans qu'il y ait des conflits, des combats incessants avec mes proches et les autres.

C'est ce que j'ai fait,

écrire,

écrire

et encore écrire,

en espérant

le faire

le mieux possible.

Depuis peu, je me suis fait aider, justement, par une écrivain que je ne remercierai jamais assez pour sa compréhension, pour me faire partager son savoir et la sagesse.

Lorsqu'elle m'a dit que j'avais une belle plume et qu'il fallait que j'écrive, je ne pouvais pas la croire.

« *Mes Nouvelles* » que j'ai écrites de ma propre main en les relisant je pleure toujours autant et j'ai l'impression que ce n'est pas moi.

Je ne suis pas consciente d'avoir écrit ces mots, ces phrases qui me touchent énormément.